«Tenemos el alma cauterizada»

Zenia Hellgren y Lorenzo Gabrielli

«TENEMOS EL ALMA CAUTERIZADA»

Una etnografía del antigitanismo cotidiano y sus consecuencias

Con prólogo de
Francisco Vargas

Este libro ha sido editado en papel 100 % Amigo de los bosques, proveniente de bosques sostenibles y con un proceso de producción de TCF (Total Chlorin Free), para colaborar en una gestión de los bosques respetuosa con el medio ambiente y económicamente sostenible.

Imagen de la cubierta: ilustración de Ricardo Cavolo

Diseño de cubierta: Noemí Giner

Primera edición: febrero de 2024

ISBN: 978-84-19778-83-3

Depósito legal: B 3239-2024

Maquetación: Marina Sánchez

A Fernanda, mi mamá. Me enseñaste que no se puede quedar indiferente ante las injusticias y que hay que luchar contra ellas. Creo que te habría gustado leer este libro.

Lorenzo

A Javi, mi compañero de vida y de debate; a Elsa, Alex y Theo, sois amor incondicional; a mis padres por siempre creer que los buenos ganarán, finalmente.

Zenia

ÍNDICE

El título de este libro, «Tenemos el alma cauterizada», nos lo regaló un hombre gitano que entrevistamos. De esta manera tan poética se refiere a la necesaria inmunidad al dolor subyacente que provocan el racismo y el rechazo, una forma de autoprotección que desarrollan desde muy temprana edad tantas personas gitanas para poder lidiar con el antigitanismo cotidiano.

Queremos agradecer a Raquel Velaz por su curado trabajo de corrección y revisión del texto.

1. PRÓLOGO

«Siempre es un reto escribir un prólogo», esta frase se ha convertido en un «bestseller» a la hora de empezar uno, pero en este caso y, entendiendo que el tema que nos ocupa penetra en esferas que van más allá del razonamiento y alcanzan honduras emocionales en las que se sustentan las estructuras de nuestro ser, se comprende, que el reto tome una dimensión diferente, mucho más real, profunda, sincera.

El antigitanismo es un concepto curioso desde una perspectiva teórica, ya que, es la base y fundamento de las desigualdades que hemos sufrido los gitanos desde siempre, pero la academia lo reconoce y acepta desde hace apenas unas décadas. En términos legislativos, este reconocimiento llegó mucho más tarde y en términos generales, de sociedad, considero que aún nos queda camino por recorrer.

Supongo que esto es fruto de las dinámicas que el propio antigitanismo genera: deslegitimación de la perspectiva gitana, abandono de la realidad, desconexión y banalización de los padecimientos de toda nuestra comunidad desde que el mundo nos reconoce y señala como diferentes.

Es desgarrador el hecho de pensar que prácticamente todas las personas gitanas podrían explicar, al menos, una experiencia en la que se hayan sentido discriminadas, maltratadas o menospreciadas por el simple hecho de ser. Mientras, el mundo miraba hacia otro lado, en el mejor de los casos, o apoyaba este maltrato por creer que nos lo merecíamos, en la mayoría de ellos. Y esto me produce un tremendo desconsuelo.

Tener que justificar constantemente tu valía —ya que el antigitanismo está presente en todas y cada una de las áreas de la vida—, sentir que, en nuestro caso, somos culpables hasta que se demuestre lo contrario, hace que la carrera de la vida se nos ponga muy cuesta arriba.

En la Europa del s. XXI se nos sigue matando por ser gitanos. Lamentablemente, podríamos recordar ejemplos recientes de ello: Stanislav Tomáš, asesinado a manos de la policía checa en 2021, la niña Olga (ocho años), también en 2021, los primos Eleazar de Gijón o Manuel de Rociana, asesinado a sangre fría por un puñado de habas delante de su hijo.

Esta es todavía nuestra triste realidad. Nadie reclama justicia, al parecer, no todas las vidas tienen el mismo valor.

Se nos sigue expulsando mediante pogromos, culpándonos a todos, desde esta concepción colectiva que el mundo tiene sobre nosotros y que, solo aplican en cuestiones negativas (siempre —y todos— somos culpables de cualquier acto negativo o perjudicial y nos convertimos en la excepción cuando de algún aspecto positivo se trata), se sigue persiguiendo a personas gitanas en centros comerciales, criminalizándonos, se sigue estigmatizando a nuestros niños en escuelas segregadas, condenándolos al fracaso, se nos sigue negando el acceso al empleo o la vivienda... Sí, esta sigue siendo nuestra realidad en una sociedad que se acoge bajo eslóganes de tolerancia, respeto o diversidad.

A pesar de ello, hemos resistido hasta el punto en que hemos conseguido que se reconozca, en términos legislativos, al antigitanismo como un tipo específico de racismo, estructural e histórico. Y esto nos ayuda a creer, quizá poniendo una mirada excesivamente utópica, pero ¿qué hubiese sido de nosotros si nos hubiésemos resignado y hubiésemos dejado de soñar? Muy probablemente, nunca hubiésemos despertado de esta pesadilla.

La historia del Pueblo Gitano, nuestra historia, no se entiende sin esta resistencia provocada por un antigitanismo acuciante, que ha ido mutando en forma —no en fondo— durante siglos. Ya que este, también ha sido capaz de adaptarse, incluso hacerse fuerte, en plataformas digitales y redes sociales; convirtiendo el espacio digital en uno de los principales cómplices de los ataques antigitanos, desde el anonimato y la completa impunidad.

Hemos florecido en medio del desierto, Carmen Amaya desde las barracas del Somorrostro es un claro ejemplo de ello. Hemos soñado con un mundo mejor en el que se respetase nuestra concepción del mundo, nuestra perspectiva de vida, nuestra estructura familiar y de cuidado, en el que se reconociese nuestra aportación cultural, artística y académica... en definitiva, en el que se nos permitiese seguir siendo gitanos.

Espero que este libro os ayude, a todos aquellos que aún nos miráis con recelo, con una desconfianza que no sabéis a qué responde o de dónde viene, a abrir los ojos. A ver los colores que se esconden detrás de ese velo gris llamado antigitanismo. Que entendáis, así, que la manera de hacer un mundo mejor y más justo es posible y está más cerca de lo que creéis. Aceptando, reconociendo, escuchando, respetando, aprendiendo…

Francisco Vargas,
politólogo y activista

2. ESTUDIAR LA DISCRIMINACIÓN PARA AYUDAR A ACABAR CON ELLA

Este libro parte de un sólido estudio empírico[1] sobre el impacto real del antigitanismo[2] y sus consecuencias. El estudio combina la investigación-acción participativa con la metodología etnográfica. La investigación-acción es una metodología de creciente popularidad en las ciencias sociales, especialmente en la antropología social y la sociología cualitativa, con raíces en los movimientos

---

1. En este libro no entraremos en detalle en la dimensión científica de nuestro trabajo. El libro no pertenece al proyecto AGREP (Programa de Acción para la Denuncia Efectiva del Antigitanismo y la Discriminación), pero los datos que usamos fueron generados dentro de dicho proyecto. Para una descripción detallada del trabajo realizado dentro del marco del proyecto europeo AGREP, financiado por el European Union's Rights, Equality and Citizenship Programme (2014-2020) con referencia 881875, se puede consultar la web del proyecto donde se puede descargar el informe final: https://www.upf.edu/es/web/agrep.

2. Definimos como "antigitanismo" las formas específicas de racismo y discriminación, con profundas raíces históricas, que afectan a las personas gitanas por el hecho de ser identificadas como tales.

decoloniales latinoamericanos. Se centra en generar y difundir conocimientos basados en estudios empíricos para promover un cambio social junto a las personas participantes, que no se perciben como «objetos de estudio», sino como coproductores del conocimiento. La metodología etnográfica se basa en la observación participante y en la reflexividad, elementos centrales en nuestro trabajo—que complementa las investigaciones ya existentes, más teóricas e históricas— sobre el pueblo gitano en la España contemporánea y sobre la discriminación que sufre[3], por un lado, y el reciente auge de la literatura sobre el racismo y la racialización, por otro[4].

Nuestra definición de antigitanismo está basada en las experiencias cotidianas de las personas gitanas que hemos conocido durante la realización de nuestro trabajo etnográfico en diez barrios del área metropolitana de Barcelona. Este proyecto de investigación-acción AGREP (Programa de Acción para la Denuncia Efectiva del Antigitanismo y la Discriminación) se llevó a cabo en dos años y los lugares elegidos fueron los barrios barceloneses

---

3. Por ejemplo, la reciente publicación de Ismael Cortés, Patricia Caro y Markus End, *Antigitanismo. Trece miradas* (2021); Ismael Cortés, *Sueños y sombras sobre los gitanos. La actualidad de un racismo histórico* (2021); o el libro de Pastora Filigrana: *El pueblo gitano contra el sistema-mundo* (2020).

4. Por ejemplo, Fátima El-Tayed, *Racismo y resistencia en la Europa daltónica* (2021); *Racismo, clase y el paria racializado* (2021) de Satnam Virdee; *Minorías, Historias de desigualdad y valentía* (2021) de Desirée Bela-Lobedde; *Yo soy Frontera* (2021) de Shahram Khosravi, o el menos reciente *La invención del racismo. Nacimiento de la biopolítica* (2009) de Francisco Vázquez García.

des Bon Pastor, Besós, Gornal, Gracia, Hostafrancs, La Mina, Nou Barris, Sant Roc, Zona Franca, y la ciudad de Mataró. Los objetivos en los que se ha estructurado el presente trabajo de investigación han sido principalmente tres. En primer lugar, conocer el estado del antigitanismo, es decir, la discriminación y el racismo específicos hacia el pueblo gitano en el área metropolitana de Barcelona. En segundo lugar, escuchar de primera mano el contexto y las modalidades del antigitanismo, así como su impacto en las personas que lo viven y, por último, indagar sobre las posibles respuestas y soluciones a este fenómeno a corto, medio y largo plazo.

Desde nuestro punto de vista, es indispensable contribuir a que la sociedad amplíe sus conocimientos sobre el enorme impacto que el racismo sutil y cotidiano supone para las personas que lo viven de primera mano a menudo normalizado por su omnipresencia. Las experiencias que las personas gitanas nos han ido relatando a lo largo del proyecto nos han llevado a definir «antigitanismo cotidiano» como esa discriminación sutil y normalizada que no llama tanto la atención como lo hacen los casos más aislados de delitos de odio, de agresiones verbales y hasta físicas. Justamente por su menor visibilidad y normalización, tanto por parte de la sociedad mayoritaria como a menudo por la del propio pueblo gitano, este racismo genera un gran daño difícil de curar. Asimismo, contribuye a mantener las estructuras sociales que determinan que este colectivo goce de menos oportunidades y sufra más el empobrecimiento y la marginalización social. Una marginalidad que luego se utilizará como moneda de cambio para justificar los prejuicios: «Mira cómo no se quieren integrar». El antigitanismo cotidiano se refuerza así en un círculo vicioso producto de la suma de infinitos microrracismos y sus consecuencias.

El antigitanismo es una lacra que persiste en nuestros días en la sociedad española y en el resto del mundo. En España, donde la población gitana autóctona lleva casi 600 años de historia, se manifiesta con particular claridad la complejidad del racismo y la discriminación, y la división entre quienes son considerados parte del «nosotros» colectivo y quienes no lo son todavía después de seis siglos y, quizás, nunca lo serán. Es una forma de discriminación que parece resultar especialmente incómoda de reconocer, pues deja en evidencia el racismo estructural que existe en la sociedad más allá de los discursos sobre la igualdad de oportunidades. En este caso, no se trata de personas inmigradas, que «vienen de fuera», donde unos supuestos elementos de desventaja —dificultades lingüísticas u otras— podrían, al menos parcialmente, servir para justificar la desigualdad. En este caso se trata de personas españolas, nacidas aquí, cuyos padres, abuelos y bisabuelos han nacido también en este país, y que sistemáticamente son tratados como ciudadanos de segunda.

Mientras se ultimaba la redacción de este libro, fueron publicados los resultados de un estudio realizado por el Centro Reina Sofía sobre adolescencia y juventud que confirman un dato bastante pesimista: ningún otro grupo étnico recibe tanto rechazo en la sociedad española como el de las personas gitanas. Por citar un ejemplo, el 25% de los jóvenes encuestados no aceptaría que una persona gitana fuera su vecino, profesor, jefe, o policía. La cifra aumenta a un 30% cuando se trata de ser alcalde (Andújar et. al., 2022).

El antigitanismo cotidiano, estas pequeñas y grandes agresiones diarias, es especialmente grave dada la desigualdad que sufren las personas gitanas en ámbitos tan importantes como la educación, la ocupación laboral, la vivienda y la salud. Los prejuicios refuerzan la discriminación que perpetúa la desigualdad y la exclusión social, y que, a su vez, alimenta aún más estos prejuicios. Así se crea un círculo vicioso que causa un profundo daño a las víctimas de discriminación y a la sociedad en su conjunto.

Resulta habitual que la sociedad mayoritaria reaccione frente a las posturas de las personas gitanas —generalmente defensivas debido a la exclusión social que padecen— rechazando la posible discriminación, o atribuyéndosela comúnmente a las mismas personas gitanas y a una supuesta diferencia cultural insuperable, o a una falta de voluntad por su parte: «No se quieren integrar», «son diferentes». Los testimonios que hemos recogido en este libro demuestran una realidad infinitamente más compleja y opuesta a estas insinuaciones tan comunes y llenas de prejuicios: ser gitana o gitano significa, a menudo, tener que luchar para formar parte de una sociedad que te rechaza. Desde nuestro punto de vista como investigadores no gitanos, intentar ponernos en la piel de este «otro», en el que se sigue convirtiendo a las personas gitanas, ha sido fundamental. Esto ha sido posible a través de la riqueza de los detalles de los testimonios que han compartido con nosotros las personas entrevistadas que, con gran generosidad, nos han abierto las puertas de sus experiencias, de sus recuerdos, de sus frustraciones, de su rabia, de su esperanza, y a veces, también de su desesperación. Gracias a esta generosidad y a un complejo y todavía inacabado proceso de deconstrucción de nuestra «blanquitud», de nuestros privilegios, de nuestros prejuicios heredados y subconscientes; hemos logrado empezar a comprender el significado de todas esas miradas de desaprobación, de esos chistes «inocentes», de esos «ya te llamaremos» o de comentarios como «en este restaurante los gitanos pagan por adelantado». Experiencias que viven desde una edad muy temprana las y los que por su etnia tienen que aprender a convivir con el dolor de no ser queridos, respetados, o aceptados por la sociedad, la misma sociedad que exige su plena integración sin permitirla.

La mirada interseccional y el «estigma gitano»

En un estudio sobre el antigitanismo, cabe mencionar la importancia del género y su intersección con otros elementos de la discriminación. No es lo mismo ser mujer u hombre de etnia gitana: las vivencias y las experiencias pueden ser diferentes. Por este motivo, la perspectiva de género ha estado presente a lo largo de nuestra investigación, tanto en la búsqueda de las personas participantes —incluimos en igual medida mujeres y hombres—, como desde un punto de vista científico —poder comparar las experiencias de antigitanismo de hombres y mujeres—. Asimismo, y dado que el proyecto no es exclusivamente de investigación, sino también de acción-participación, aplicar una perspectiva de género se ha considerado fundamental desde una perspectiva de empoderamiento al contar con hombres y mujeres como divulgadores de la reflexión sobre el antigitanismo dentro de sus propios barrios en igualdad de condiciones.

El análisis realizado de las transcripciones de las entrevistas y sesiones de grupos focales desde esta perspectiva de género nos ha llevado a la conclusión de que el estigma que supone ser identificado como «gitano» a menudo prevalece sobre su relación con el género. Hemos encontrado algunas diferencias de género en cuanto a los lugares en los que se produce la discriminación: las mujeres encuestadas experimentan discriminación más a menudo en los supermercados o en las consultas de maternidad, mientras que los hombres tienden a ser parados por la policía más a menudo en la calle. Sin embargo, la percepción predominante entre hombres y mujeres encuestados es que es el prejuicio sobre su etnia el que provoca su estigmatización, afectando por igual a hombres y mujeres gitanos.

Cuando les preguntamos sobre los roles de género, muchos de los entrevistados y entrevistadas reaccionaron de manera defensiva debido al hecho de tener que responder habitualmente a preguntas fundadas en estereotipos de la sociedad mayoritaria, por ejemplo, la creencia de que la cultura gitana es fuertemente patriarcal. Muchas de las mujeres gitanas entrevistadas destacan este supuesto como uno de los muchos estereotipos que contribuyen a alimentar la opinión de que el pueblo gitano es culturalmente incompatible con la sociedad mayoritaria. Estos extractos de algunas de las entrevistas ilustran cómo algunos de los entrevistados entienden el antigitanismo en relación con el género:

«Creo que [el antigitanismo] afecta a hombres y mujeres por igual. El prejuicio está en la palabra "gitano". Una mujer gitana puede sufrir discriminación por casarse joven y tener tres hijos, pero los hombres gitanos también se casan jóvenes y dejan la escuela para mantener a sus familias. Es la palabra "gitano" con la que la gente no puede identificarse». *Mujer gitana, La Mina (E2).*

«Soy mujer, trabajo. Ayer obtuve mi carné de conducir. Cuando quiero salir con mi prima, mi esposo se queda con los niños... y luego lo hacemos al revés cuando él quiere salir. Pero hay muchos prejuicios acerca de que los hombres gitanos son sexistas, y no son ciertos». *Mujer gitana, Sant Roc (A5).*

«Siempre dicen que los hombres gitanos son machistas, que el patriarca decide todo... pero ya ni siquiera tenemos patriarcas, discutimos asuntos importantes con toda la comunidad y las mujeres deciden tanto como los hombres. También los roles de género han cambiado mucho en casa... el problema que tenemos es con como la otra gente no gitana nos trata». *Mujer gitana, Besós (H6).*

En nuestro estudio, hemos aplicado un enfoque interseccional y sugerimos que la dimensión étnico-racial, cuando interactúa con la clase, triunfa sobre la dimensión de género a la hora de definir la discriminación que sufren las personas gitanas de parte de la mayoría no gitana[5].

---

5. En el próximo capítulo discutimos cómo la *racialización*

Sin embargo, es importante tener en cuenta que nuestro proyecto no aborda la cuestión de los roles de género o de las relaciones entre los sexos dentro de las comunidades gitanas, sino simplemente el modo en el que las mujeres y los hombres gitanos experimentan el género en las formas del antigitanismo al que son expuestos.[6]

Por último, cabe destacar que este libro es el resultado del estudio de las percepciones de discriminación de las personas que la sufren. No proporciona, por tanto, datos estadísticos sobre la discriminación ni tampoco un análisis detallado sobre quién discrimina. El objetivo es exactamente este: indagar en las vivencias del antigitanismo a través de las personas que lo sufren en su propia piel y entender algo más sobre sus consecuencias. De la misma manera, al ser un proyecto de investigación y acción, una

---

y la *aporofobia* aparecen interrelacionadas en la forma específica de racismo y discriminación que representa el antigitanismo.

6. En términos de conciencia LGTBI+ y la posible inclusión de una categoría de género no binaria, cabe señalar que discutimos esta posibilidad en una etapa inicial del proyecto, así como la posibilidad de, por ejemplo, agregar una posible discriminación homofóbica al análisis del antigitanismo. No obstante, dado que ninguno de los participantes del proyecto expresó tal preocupación, y dado que el proyecto se centra en cómo las actitudes y prácticas anti gitanas de la sociedad mayoritaria afectan a las mujeres y los hombres gitanos y ninguna de ellas está relacionada con ninguna cuestión que afecte a los colectivos LGTBI+, no hemos incluido esta dimensión en el análisis. Asimismo, las discriminaciones relacionadas con el género, la orientación sexual u otras que puedan darse dentro de las comunidades gitanas, al igual que en cualquier otra minoría o mayoría étnica, quedan fuera del alcance del presente estudio.

parte importante se ha basado en empoderar y animar a los hombres y mujeres gitanos a través de la formación y la sensibilización sobre lo que es el antigitanismo y sobre qué herramientas legales y de otro tipo existen para combatirlo. El presente trabajo es, por tanto, un ejemplo ilustrativo de cómo funciona la investigación-acción en la práctica: las mismas entrevistas y situaciones de grupos focales, cuando se discute un tema, contribuyen a aumentar la conciencia articulando y reflexionando sobre situaciones dolorosas y sobre su normalización, a pesar de estar muy lejos de ser «normales». Esto, a su vez, crea una creciente determinación por parte de las personas gitanas a defenderse de estas agresiones en lugar de seguir aceptando lo inaceptable. A través de este libro, pretendemos divulgar los resultados obtenidos con el objeto de acercarlos a un público más amplio, más allá del mundo académico, para incitar a la reflexión crítica sobre nosotros mismos, sobre nuestros propios prejuicios y sobre lo que se puede llevar a cabo diariamente para transformar la sociedad en la que vivimos.

3. EL ANTIGITANISMO EN LA INTERSECCIÓN DEL RACISMO Y LA APOROFOBIA

Las investigaciones previas sobre el antigitanismo confirman que las formas particulares de discriminación, exclusión e incluso odio racista manifiesto que afectan a los gitanos en España están estrechamente relacionadas con la historia de marginación y su confinamiento en sectores específicos de la economía a los que estaban sujetos desde que se asentaron en el país a finales del siglo XV. El antigitanismo, de esta manera, parece consistir en una mezcla de racismo y aporofobia —entendida como miedo o rechazo a los pobres (Cortina, 2017)— y, al mismo tiempo, parece constituir tanto la causa como la consecuencia de las situaciones de marginación social y segregación urbana en las que todavía viven muchos gitanos y que refuerzan aún más las actitudes negativas hacia ellos (Hellgren y Gabrielli, 2021a y 2021b; Cortés y End, 2019; Agüero Fernández, 2020).

Consideramos que, en general, es necesario un enfoque interdisciplinar para estudiar constructivamente la discriminación como fenómeno y por esto, en este estudio, hemos combinado teorías y métodos de las ciencias sociales, principalmente sociología y antropología social.

Además, hemos trabajado de forma inductiva, confiando en gran medida en los datos que nos proporcionan las experiencias de primera mano de los participantes gitanos para nuestra definición de antigitanismo.

Al determinar cómo conceptualizar y estudiar mejor[7] el antigitanismo —sobre la base de lo que se ha llevado a cabo en investigaciones anteriores y teniendo en cuenta las actuales lagunas de conocimiento— hemos hallado que existen muchas pruebas de la exclusión social de los gitanos en toda Europa, sobre todo en términos de pobreza y precariedad vital o en términos de fracaso educativo entre la infancia y la juventud gitana (Damonti y Arza, 2014; O'Hanlon, 2016; Plan integral del pueblo gitano, 2017; Fundación Secretariado Gitano, informe 2013). Sin embargo, aún faltan más datos y más conocimiento para documentar el vínculo entre esta exclusión social y las discriminaciones que sufren las personas gitanas.

Recientemente, Cortés y End (2019: 23) han subrayado la necesidad de ir más allá en la comprensión del «problema gitano» en Europa, para considerarla como una cuestión relacionada con la pobreza y la exclusión:

> «La situación socioeconómica de privación que enfrentan muchos romaníes ha sido explicada sobre la base de tradiciones gitanas "desviadas" o como una

7. "Mejor" aquí se entiende como lo que más se aproxima a las experiencias vividas por las personas afectadas por este antigitanismo, en consonancia con nuestro enfoque de investigación-acción participativa.

mera cuestión de "emergencia social", sin ninguna mención del antigitanismo como una fuerza de exclusión profundamente arraigada, persistente y estructural. Un enfoque en la lucha contra el antigitanismo produciría enfoques considerablemente diferentes para la inclusión de los gitanos».

Este análisis, el cual compartimos, es central también para nuestra interpretación del antigitanismo cotidiano y sus consecuencias.

El antigitanismo cotidiano

Como hemos argumentado anteriormente, desde nuestro punto de vista, el antigitanismo —como concepto y como práctica social y política— tiene dos dimensiones principales y consiste en la intersección entre ellas. Por un lado, tenemos la racialización, entendida como la creación de un grupo social «otro» con características diferenciales de carácter supuestamente «racial», y, por otro, la aporofobia: el miedo o rechazo hacia el «pobre» (Hellgren y Gabrielli, 2021a). Al igual que pasa con otros grupos racializados como afrodescendientes, musulmanes, etc., las personas gitanas son estereotipadas de forma negativa como individuos culturalmente incompatibles con la sociedad mayoritaria no gitana y, al mismo tiempo, como pobres no merecedores (Vázquez García 2009; Cortés y End, 2019; Hellgren y Gabrielli 2021b). La racialización, por lo tanto, se considera aquí como un proceso político y social de diferenciación (Burgett y Hendler, 2014: 212; Dalal, 2002) o de creación de límites (Lamont y Molnár, 2002) basado en marcadores físicos —más típicamente el color de piel— pero también en otras características que son atribuidas a la etnia, la cultura o la religión. Este proceso de racialización marca límites entre las personas, a menudo, como estereotipos negativos que afectan a quienes son definidos como diferentes respecto a la «norma» de la sociedad occidental que consiste en tener la piel blanca (Gans, 2017). El concepto de aporofobia, por su parte, es utilizado para definir las formas a menudo sutiles de aversión, rechazo, culpa y «miedo» a los pobres y marginados que afectan a las personas gitanas al igual que a personas de otras etnias que pertenecen a los grupos más desfavorecidos tal y como lo aplica Cortina (2017).

En las formas específicas de estereotipos negativos que caracterizan al antigitanismo, los marcadores «raciales» físicos como el color del cabello, los rasgos faciales y el fenotipo se entrelazan con supuestos rasgos «culturales» que pueden incluir una predisposición al robo, la violencia y la estafa, o tradiciones fuertemente patriarcales, entre otros (Motos Pérez, 2009). Los estereotipos sobre los elementos culturales que supondrían una barrera (casi) infranqueable para la inclusión en la sociedad mayoritaria han sido explicados por varios investigadores (véase Motos Pérez, 2009; Vázquez García, 2009). Lo que todavía es necesario documentar, estudiar y entender mejor es la manera en la que las personas gitanas viven las formas perjudiciales de categorización a las que están sujetas en España, al igual que en otras sociedades europeas. La discriminación por causa de origen, raza o etnia es una experiencia compartida por muchas personas racializadas, inmigrantes no occidentales, creyentes de religiones no mayoritarias —principalmente el islam— y minorías étnicas (Lentin, 2008). Del mismo modo, el racismo y la discriminación se pueden concretizar en formas que están tipificadas por el sistema jurídico como «crímenes de odio». Estos actos delictivos afectan a personas racializadas o «alterizadas» y han causado una creciente preocupación en las autoridades públicas, hecho que ha ayudado a aumentar su visibilidad. Sin embargo, estos delitos representan sólo la punta del iceberg, ya que la discriminación más sutil y cotidiana es infinitamente más difusa. Esta última consiste en muestras de rechazo o desprecio casi invisible —por tan interiorizadas y normalizadas— por parte de la mayoría no afectada, que refuerzan constantemente unas estructuras de privilegio y exclusión donde algunas personas ven mermadas sus oportunidades de vivir una vida digna y plena. Investigaciones previas han resaltado como tales experiencias dañan severamente la autoestima de los que sufren tales discriminaciones, afectando también a su calidad de vida, a su identificación con la sociedad (véase Pager y Shepherd, 2008; Safi, 2010; Wu et al., 2012; Lentin, 2011; Hellgren, 2019), y al acceso a sus derechos como ciudadanos (Cortés y End, 2019).

A las personas gitanas, el rechazo que a menudo sufren en sus relaciones con la mayoría no gitana les produce limitaciones que impiden que se sientan cómodas en varios ámbitos de la sociedad, lo que a su vez refuerza su propia exclusión y la falta de identificación con la sociedad mayoritaria y sus instituciones. Al mismo tiempo, estas reacciones son interpretadas por la mayoría no gitana como una confirmación de sus prejuicios previos: «a los gitanos no les interesa la educación», por ejemplo; reforzando aún más las actitudes y conductas antigitanas y, por consiguiente, las limitaciones externas. Del mismo modo, estas actitudes antigitanas se traducen en limitaciones sociales y en un trato discriminador en un amplio abanico de situaciones cotidianas como en la interacción con otras personas en espacios públicos, en instituciones escolares, en los lugares de trabajo, en el contacto con representantes de instituciones públicas como los servicios sociales, las autoridades fiscales, la sanidad o la policía, entre otros. En estos contextos, el comportamiento individual se traduce en patrones sociales y, en última instancia, se convierte y se consolida como estructuras sociales (Lamont y Molnár, 2002). Esta teoría de la creación de límites sociales o estructuras parece esencial para comprender cómo el rechazo de las personas gitanas por parte de la «gente normal» en una amplia gama de situaciones cotidianas, sumado al racismo institucional, sustenta profundas desigualdades a nivel social. Es también fundamental para la interpretación del racismo y la discriminación como fenómenos estructurales en el sentido más amplio. Bonilla-Silva (1997:467) resume las limitaciones de un enfoque estrictamente individualista o psicológico del racismo y la discriminación con estas palabras:

> «Si el racismo no es parte de una sociedad sino una característica de los individuos que son "racistas" o "prejuiciados", —es decir, el racismo es un fenómeno que opera a nivel individual— entonces (1) las

instituciones sociales no pueden ser racistas y (2) estudiar el racismo es simplemente una cuestión de estudiar la proporción de personas en una sociedad que tienen creencias "racistas"».

Su análisis de los sistemas sociales racializados resuena en la definición actual de racismo estructural que aplica la Red Europea Contra el Racismo (ENAR, por sus siglas en inglés): «El racismo estructural es producto de un sistema en el que las políticas públicas, las prácticas institucionales, las representaciones culturales y otras normas funcionan de diversas maneras para perpetuar la inequidad racial, y ha sido una característica de los sistemas sociales, económicos y políticos en los que todos existimos» (ENAR, Página web, 2023).

Siguiendo esta misma línea analítica, nuestro enfoque sobre el antigitanismo se centra en señalar el racismo estructural que existe en la sociedad. Para visualizar cómo opera el antigitanismo cotidiano mediante prejuicios reforzados por la conducta de las personas que discriminan, e interiorizados por las personas que sufren esta discriminación, hemos creado una sencilla figura que se puede observar en la página siguiente.

Cuando hablamos de cotidianidad, nos referimos tanto a unas formas muy sutiles de rechazo, como a otras formas más abiertas de desvalorización de las personas gitanas como bromas insensibles o insultos. Basándonos en el análisis de los datos recopilados a lo largo del proyecto, hemos concluido que las experiencias de antigitanismo, en las que la racialización y la aporofobia a menudo aparecen íntimamente entrelazadas, son centrales en la

FIGURA 1. Modelo del antigitanismo cotidiano

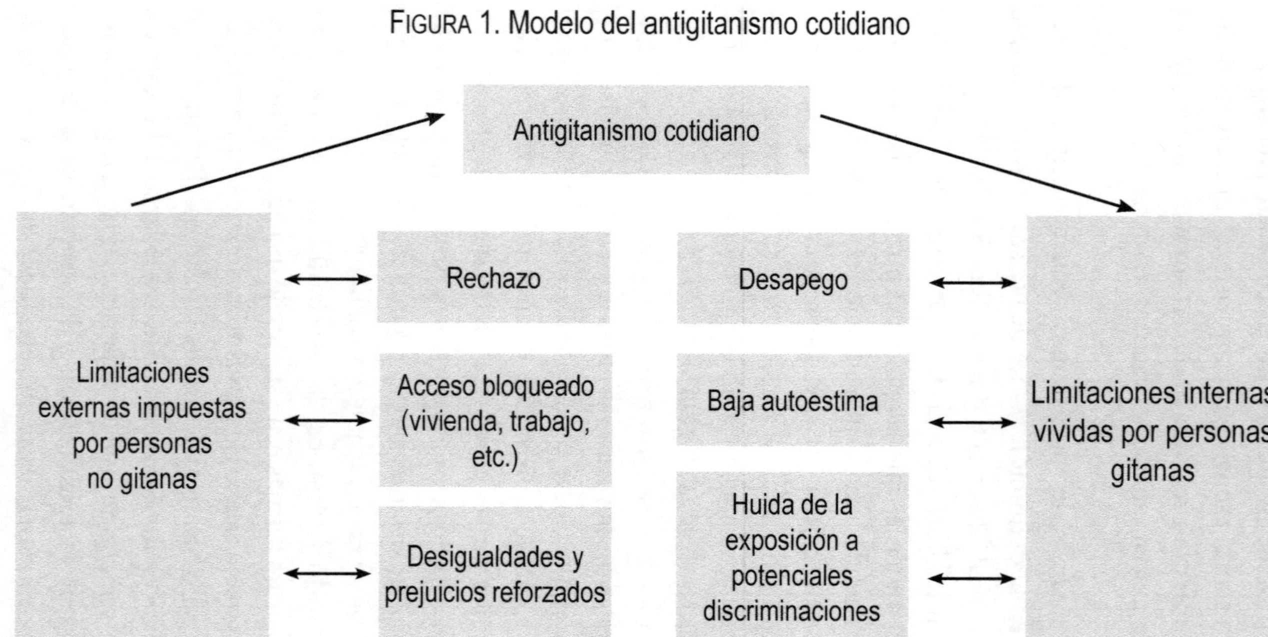

Fuente: elaboración de los autores sobre la base de datos recopilados por el proyecto AGREP.

vida de nuestros encuestados, afectando fuertemente a su relación con la sociedad mayoritaria no gitana y, en definitiva, a su acceso a la igualdad de trato como ciudadanos en un amplio abanico de situaciones como en el trabajo, en la educación, en los espacios públicos, en el consumo... La experiencia de ser menospreciados, insultados y cuestionados crea límites que afectan gravemente no solo a su sentimiento de pertenencia y a su autoestima, sino también a su calidad de vida y a sus oportunidades reales. Aunque nuestros encuestados dan algunos ejemplos de haber estado expuestos a agresiones racistas, la gran mayoría de los incidentes denunciados se refieren a lo que definimos como antigitanismo cotidiano. Sin embargo, lo que tienen en común todas las formas de experiencias discriminatorias «cotidianas» —que describiremos con más detalle en la siguiente parte de este libro— es que difícilmente podrían enmarcarse como «crímenes de odio» y, aunque efectivamente violen las leyes contra la discriminación, existe una carencia generalizada de herramientas y recursos disponibles para tomar medidas contra ellos.

A pesar de ser ciudadanos autóctonos con igualdad formal de derechos y que posiblemente preferirían formar parte de la sociedad en general —más aun teniendo en cuenta que España no reconoce a las minorías nacionales—, a menudo se encuentran en una peor situación en términos de exclusión social y discriminación que cualquier otro grupo étnico (Cortés y End, 2019). En este contexto, también cabe señalar que es un hecho que muchas personas de etnia gitana en España viven sus vidas junto a la población étnica mayoritaria y su identidad gitana puede o no ser conocida. Es más fácil para algunos «pasar por (no gitanos) españoles» si así lo desean, en función de sus características físicas —no tener la piel demasiado oscura o rasgos faciales demasiado «gitanos»— y su nivel socioeconómico, por ejemplo. Sin embargo, consideramos este hecho como parte del fenómeno mismo y como una clara manifestación del antigitanismo que se visibiliza aquí a través de la lógica: «Cuanto menos gitano parece, más aceptación y oportunidades recibe» (Hellgren y Gabrielli, 2021a). Según relataba una de nuestras entrevistadas: «Siempre me dicen: "¡Ay, pero no pareces gitana!", como si fuera un piropo, sin entender que en realidad es un insulto». (Mujer gitana, entrevista ID D2).

La figura del «gitano», con los rasgos físicos arquetípicos atribuidos a estas personas, generalmente está ligada de una manera automática a la pobreza, las «malas maneras», la criminalidad, etc. en el imaginario popular. (Cortés y End, 2019; Claps y Vitale, 2014). Esta especificidad del antigitanismo en comparación con otras formas de racismo está explícita en las narrativas de la mayoría de nuestros encuestados, como veremos en el siguiente capítulo.

4. VOCES GITANAS SOBRE LA DISCRIMINACIÓN COTIDIANA Y SUS CONSECUENCIAS

Los dos años durante los que recogimos las vivencias de antigitanismo de los gitanos y las gitanas que participaron en nuestro estudio, desde abril de 2020 hasta marzo de 2022, estuvieron profundamente marcados por la pandemia de Covid-19 y por la consecuente crisis sanitaria, social y económica. Esta crisis afectó con especial dureza a la población gitana al igual que a otros grupos cuyo día a día depende en gran medida del trabajo presencial como, por ejemplo, en los mercadillos y en otros ámbitos laborales donde muchas personas gitanas se ganan la vida.

De la misma manera, este trabajo se vio igualmente afectado ya que las normas del confinamiento, las restricciones de movimiento y la imposibilidad de encuentros cara a cara nos impidieron realizar entrevistas y charlas durante la primera parte del proyecto, abocándonos a interacciones no presenciales vía aplicaciones telemáticas. Sin embargo, durante la segunda parte pudimos retomar progresivamente la normalidad en nuestros métodos de trabajo de campo, donde la entrevista presencial es fundamental.

A pesar de estas circunstancias, desde el principio hasta el final, las personas que han participado en nuestro estudio han expresado con contundencia cómo el antigitanismo es algo tan fundamental en sus vidas que no pueden permitirse dejar de pensar en él, por mucho que les gustaría hacerlo. Varias personas entrevistadas han comentado que no pueden, o no quieren, pararse a pensar en las numerosas discriminaciones que padecen casi a diario por el mero hecho de ser identificados como gitanos o gitanas porque simplemente les haría la vida imposible.

Muchas personas reconocen de igual manera que la expectativa constante de ser señalado y rechazado por su etnia es algo que tienen tan interiorizado que han llegado a normalizarlo. Existe un deseo general de que se rompa con esta normalización de la discriminación y el antigitanismo, de que la sociedad reaccione ante las actitudes y conductas antigitanas. El primer paso es dar a conocer cómo se vive este antigitanismo cotidiano, y es lo que haremos en este capítulo, mediante las voces de las personas gitanas que lo experimentan a diario.

Los testimonios de los participantes de este proyecto sobre la discriminación experimentada en relación con su identificación como «gitanos» cubren una amplia gama de situaciones cotidianas, aunque algunas son claramente más comunes que otras. Ser identificado como «gitano» se traduce en una variedad de prejuicios y estereotipos por parte del resto de la sociedad. Nuestros encuestados definen en gran medida estas reacciones por parte de los no gitanos en términos de miedo —se supone que los gitanos son peligrosos y vengativos— ; disgusto —se considera que los gitanos son sucios y desordenados—; desconfianza —se juzga a los gitanos como poco fiables, ladrones y tramposos—; o una mezcla de paternalismo y desprecio —se imagina que todos los gitanos dependen del sistema de ayudas sociales, que carecen de ambiciones y de espíritu de esfuerzo y que son analfabetos e incapaces de educar a sus hijos—. Estos prejuicios y expectativas negativas sobre los gitanos —que recuerdan muy de cerca las narrativas históricamente construidas sobre el pueblo gitano mediante leyes y producciones culturales— definen en gran medida las experiencias cotidianas de las personas gitanas y, en última instancia, afectan a toda su vida en un grado considerable ya que el hecho de verse obligados a lidiar con el antigitanismo casi a diario es un componente inevitable del día a día de la gran mayoría de las personas que han participado en el estudio.

En este capítulo daremos protagonismo a los relatos de las mujeres y los hombres gitanos que hemos entrevistado y con los que hemos compartido muchas conversaciones y momentos a lo largo del proyecto. Ellas y ellos pueden explicar mejor que nadie cómo se vive el antigitanismo en una gran cantidad de situaciones cotidianas y qué consecuencias conlleva a nivel personal y social.

Los espacios donde se produce el antigitanismo cotidiano

Supermercados, tiendas y centros comerciales

El entorno más común donde las personas gitanas experimentan discriminación por su condición es el de los supermercados, los centros comerciales y otro tipo de tiendas, como tiendas de ropa o zapaterías, entre otros. Como lo explica una madre gitana:

> «Esto pasa muy a menudo, siempre en [cadena grande de supermercados], que lo tenemos aquí al lado. El hecho de entrar y que te estén vigilando desde que has entrado, te pasa la mayoría de días que entras. A mí, me pasó un caso, era más jovencita. Volvíamos de la piscina, un grupo de amigas jovencitas, y entramos en un Día para comprarnos de merendar, y al entrar ya [el vigilante de seguridad] nos miró mal. No sé, como que cuando nos ven en grupos grandes se asustan un poquito. Al estar 5 minutos, ya me pidió que le enseñara lo que tenía en el bolso. Que me sacara lo que me había metido en el bolso. Yo le decía: "Acabo de entrar hace 5 minutos". "¿Qué crees que me he metido en el bolso?". Tenía un bolso grande porque tenía una toalla y las cosas de la piscina. Tuve que sacar todo y enseñárselo. Me sentí muy mal porqué había gente delante y todo. Tuvimos que irnos del Día, ni compramos ni nada. El hecho de estar en Diagonal Mar y que te pase lo mismo: hace poquito, estaba con mi hermana, estábamos comprando en una tienda de ropa. De repente a mi hermana le faltaba el móvil y la cartera. Ella se puso nerviosa:

"¡Me han robado, me han robado, que nadie salga de la tienda!". A la chica que tenía detrás en la cola, que no era gitana, le faltaba el móvil. La chica dijo que una pareja se le había acercado mucho. Esta pareja había salido corriendo de la tienda. Mi hermana le dijo: "¡Por favor, ve y regístrale!". Este hombre le soltó que él no podía registrar el bolso. Aquella palabra nos afectó muchísimo, porque nosotras lo de enseñar el bolso lo tenemos como algo normal. "¿Por qué a nosotras nos registráis el bolso cuando queréis, y cuando yo estoy sospechando que me han robado, no lo hacéis?" Me impactó mucho, y dije: "¿Por qué?"». *Mujer gitana, Besós (H2).*

La experiencia, como se puede apreciar, no solo es molesta por el hecho de ser parado y acusado injustamente, sino también porque esto sucede en público, generalmente en presencia de mucha gente y a menudo en el mismo barrio donde vive el que lo sufre. Por lo que, a la experiencia en sí, se le añade, además, el estigma social. Como lo explica claramente una mujer entrevistada:

«Te sientes ridículo porque siempre hacen esto delante de la gente, te miran y sientes... que no sabes qué hacer. Me detuvieron a mí y a un amigo en el centro comercial aquí en el barrio, solo por ser gitanos. Ellos eran estos policías encubiertos, y pensaron que habíamos robado algo solo por estar allí. Y te da tanta vergüenza..., porque la gente te mira y si ven a la policía o al personal de seguridad seguramente piensan que hiciste algo». *Mujer gitana, El Gornal (C3).*

En estas situaciones, como en muchas otras donde se vive el antigitanismo, la experiencia más dolorosa es la de ver sufrir a los niños, que no entienden el rechazo que reciben. El deseo y la necesidad de protegerlos es frecuente en las narrativas:

> «Mira, por ejemplo, yo tuve una por desgracia. Fui a un centro comercial y entré a una tienda de ropa deportiva de bambas. Entré con mi niña y le iba a probar unos zapatos, y el chico me dijo que me las estaba poniendo en la bolsa. Digo: "¿Qué hablas si la estoy probando?". Me dice: "¿Qué tienes en la bolsa?", y yo: "Entré con la bolsa, no tengo nada". Me dijo: "Llamo a los guardias", y le dije: "Llámalos porque no tengo nada. Te estás equivocando". Me fui super-fatal. Entré con mi niña tranquilamente para comprar unas bambas y me encontré con esto. Se puso muy chulo con esto. Al final no los llamó, se quiso hacer el chulito. No pidió disculpas ni nada. Me fui muy mal». *Mujer gitana*, Bon Pastor (F2).

Otra mujer entrevistada explica una experiencia similar:

> «Fui a un centro comercial con mi nieta y el guardia de seguridad nos seguía todo el tiempo. ¿Y sabes lo que hice? Como estamos tan acostumbrados a que esto suceda… Lo tomé como… una broma, casi. Mi nieta me preguntó: "¿Por qué ese hombre nos sigue?", y dije en voz alta para que escuchara: "Para protegernos, mira qué seguros estamos, nadie va a

robar nuestro bolso ahora". Porque no quiero que sepa que nos siguen por esta razón». *Mujer gitana, Sant Roc (A2).*

Según lo relata otro entrevistado, estos episodios no solo no son aislados, sino que en algunos casos parecen ser fruto de políticas o prácticas de empresa muy consolidadas:

«Entramos en [supermercado de una gran cadena del lugar] e íbamos mi mujer, mi hija y yo. Y entrando, resulta que uno de los guardias de seguridad es primo hermano mío, lo que pasa es que su aspecto físico no delata que es gitano. Y entonces se acerca a mí y se ríe, y dice: "¿Qué pasa primo?". Digo: "Nada que hemos venido a comprar, Paco" —se llama Paco—, y me dice: "Me están diciendo los compañeros de arriba por el pinganillo que vigile un '4-3'" o algo así me dijo, porque tienen como unas claves y eso quiere decir que una familia de gitanos ha entrado. Él me lo contó y se echaba a reír, claro, porque es mi primo». *Hombre gitano, Mataró (B3).*

Restaurantes y otros espacios de ocio

No poder entrar, por ejemplo, en un restaurante o en un parque de atracciones, o recibir un mal trato es una experiencia habitual para muchas personas gitanas. A veces, las actitudes racistas que encuentran en esos lugares son explícitas: se les dice, por ejemplo: «Gente como usted no es bienvenida aquí porque tuvimos problemas [con otros gitanos] en el pasado». Otras muchas veces son más sutiles: no ser atendidos por el personal, o que se les diga que el local está cerrando o que el aforo ya está completo —argumento difícil de cuestionar, sobre todo en el contexto de la pandemia—, y que tienen que irse. Como lo explica un entrevistado:

> «Fuimos a pasar un buen día a un parque de toboganes en la montaña, dos parejas con niños pequeños. E inmediatamente comenzamos a notar que el personal nos trataba de manera extraña. A mi amigo le dijeron, de muy mala manera, que se callara cuando le estaba cantando a sus hijos. Luego compramos helado [explica cómo bromeaban con la camarera] y ella respondió: «Simplemente no puedes evitar ser quien eres, ¿verdad?» Y al final directamente nos echaron, dijeron que cerraban, pero vimos que todavía había gente adentro». Hombre gitano, Besós (H1).

Son muchas las historias que relatan la continua discriminación vividas en espacios de ocio desde la más tierna infancia de las personas entrevistadas. Estas son conscientes desde pequeños de que, en gran medida, Barcelona, como ciudad, no es para ellos, no perciben que tengan el mismo derecho a disfrutarla que otros:

> «Sientes mucha impotencia, rabia, tristeza… esta [discriminación] me ha hecho muy triste. Y también es triste que te acostumbres. A medida que envejeces, aprendes a preocuparte menos, pero de joven recuerdo que mis amigos y yo no podíamos ir con los otros jóvenes a la discoteca, porque no nos dejaban entrar.

Les dije a los porteros: "¿Son los zapatos?". Y ellos respondieron: "Es por el código de vestimenta". "Pero me visto igual que todos los demás", dije y continué discutiendo hasta que el gerente finalmente dijo: "No somos nosotros, pero nuestro jefe no deja entrar a los gitanos". Siempre estás marcado, desde el minuto que sales de tu casa. Sigo sin poder ir a bares musicales o restaurantes fuera de mi barrio, no me dejan entrar». *Hombre gitano, El Gornal (C1).*

Espacios públicos (calles, plazas, parques…)

Una experiencia común, principalmente para las mujeres gitanas, es experimentar rechazo, y a veces insultos, en espacios públicos como parques o plazas al llevar a sus hijos o nietos a jugar.

> «El otro día estaba en un parque con mi nieto, y una familia no gitana estaba cerca. Su hijo se cayó y se ensució, y la madre le gritó: "Mira lo que hiciste, ahora pareces un gitano"». *Mujer gitana, Sant Roc (A3).*

Este relato se parece a aquel que mencionamos anteriormente, en el caso de la abuela en el centro comercial que quiere proteger a su nieto del doloroso aprendizaje de que los gitanos a menudo no son bienvenidos. Corolarios del antigitanismo son también la experiencia de ver cómo niños y niñas están expuestos al racismo y cómo lo sufren, y la idea, ampliamente compartida, de que uno debe protegerlos, pero a su vez prepararlos para enfrentarse a estos hechos en su vida.

> «Mi hija tiene 15 años y va a diferentes lugares con sus amigas, y yo pensando que dependiendo de dónde se mueva, se sentirá horrible. Le digo que tenga cuidado, y le explico lo que le puede pasar, cómo nos trata la gente, pero ella no entiende eso. ¿Por qué debería entenderlo?». *Hombre gitano, El Gornal (C1).*

El barrio

Otro entorno cotidiano en el que los gitanos explican que sufren mucha discriminación es en sus áreas residenciales o cuando intentan cambiar de vivienda y mudarse a otro vecindario. De manera similar a las experiencias de muchas madres y padres gitanos que recogimos en un estudio anterior (véase Hellgren y Gabrielli 2021b, 2018a y 2018b) en el que afirmaban que sus hijos experimentaban más discriminación en las escuelas donde la mayoría no es gitana —y principalmente de clase media—; varios de nuestros encuestados en el actual estudio describen el rechazo que experimentan, o esperan experimentar, en su barrio o a la hora de mudarse. Explican también la razón por la que eligieron no mudarse a otros barrios más prósperos, aun pudiendo permitírselo, o por qué a menudo experimentan dificultades si finalmente lo hacen:

> «[E]llos [las autoridades municipales] nos iban a dar un apartamento en esta zona [más rica], los pisos allí estaban en mejor estado que los nuestros... Éramos 10 familias gitanas, pero al final nos echaron a la calle. Toda la comunidad de vecinos de allí protestó

—hasta salió en el periódico— y finalmente tuvimos que dejar los apartamentos y volver [a sus viviendas en malas condiciones en una zona residencial marginada]». *Mujer gitana, Besós (H4).*

Este no es el único caso de actitudes o hechos antigitanos en los barrios:

«Mis padres alquilaron un piso en Poble Nou [barrio de clase media en Barcelona] cuando yo era un niño y al tercer día, los vecinos hicieron una reunión para averiguar quiénes eran, si habían ocupado el piso, solo por ser gitanos. Si somos gitanos y queremos salir de nuestros guetos, lo pasamos mal. Mis padres todavía viven allí, pero no tienen mucho contacto con los vecinos, algunos todavía no les saludan». *Hombre gitano, Besós (H5).*

Algunas personas entrevistadas también cuentan que han percibido algún tipo de desconfianza cuando se mudan por primera vez a un edificio, pero que son bien recibidos por los vecinos no gitanos una vez que los conocen. Otros explican que tienen buenas relaciones con los vecinos no gitanos, y lo atribuyen a que el pueblo gitano ha estado presente durante décadas en la zona, pero también argumentan que, en general, notan distancia por parte de los residentes no gitanos.

Varios de los ejemplos se refieren a cómo a menudo los vecinos —y también los compañeros de trabajo o de estudios— hacen comentarios despectivos sobre los «gitanos» frente a ellos, y si se les recriminan tales actitudes, alegan que este es un uso habitual del término en España. Tales hechos contribuyen al sentimiento de distancia en relación con la mayoría étnica.

> «En la casa donde vivo, tuve que hacer un esfuerzo para no contestar, porque una vecina dijo que la empresa de alquiler eran ladrones, pero en lugar de la palabra "ladrón" ella usó "gitana"». *Mujer gitana, Gràcia (D6).*

En este contexto, vale la pena mencionar que en algunas de las entrevistas surgió una distinción entre cómo son tratados por los vecinos «españoles» —llama la atención que los encuestados en general se refieren sistemáticamente a los no gitanos como «españoles» o «castellanos», en oposición a ellos mismos, a pesar de ser ciudadanos nativos españoles cuyas «trayectorias migratorias» se remontan al siglo XV—, en comparación con los vecinos inmigrantes de origen marroquí o paquistaní —colectivos étnicos que son frecuentes en varios de los barrios donde se realizó la investigación—.

> «Los castellanos, gente de aquí, son muy racistas, mucho más que los inmigrantes. Nuestros vecinos españoles cierran la puerta cuando nos ven, y la mujer marroquí abre la puerta y dice: "Hola, ¿cómo estás?". Eso es muy agradable. Y mi vecina india, cuando necesita una cebolla me la pide, o yo le pido una, pero la señora española… no le pregunto porque nos discrimina». *Mujer gitana, Besós (H4).*

Los pocos encuestados, tres sobre sesenta, que afirman no experimentar el antigitanismo de manera regular viven en dos vecindarios que no son de bajo estatus socioeconómico ni están en cierta medida marginados en la periferia de Barcelona, sino en barrios en el centro de la ciudad, donde la población es de clase media, donde hay una larga historia de presencia gitana y donde esta ha dejado una reconocida huella en la cultura musical y artística local. En las narrativas de estas personas también aparecen experiencias de haber sufrido prejuicios, especialmente cuando visitan otras zonas de la ciudad, pero sus testimonios reflejan una mejor situación de la población gitana en estas zonas, ya que, además, su nivel socioeconómico tiende también a ser más alto.

Esta es una clara indicación de cómo la racialización hacia el pueblo gitano y la aporofobia pueden operar en interacción para definir las expresiones del antigitanismo. De esta manera, cuando los gitanos no son pobres y no son percibidos como marginales —o incluso como posibles criminales—, en un contexto donde la mezcla social está asentada, las formas de alteridad a las que están expuestos tienden a cambiar. Siguen siendo racializados, pero en este contexto, el proceso de alterización puede tomar formas más «positivas» y exotizantes, enmarcando a las familias gitanas del barrio como «grandes músicos flamencos» y como exponentes culturales que enriquecen el barrio y la ciudad, como es el caso del peso que tiene en la sociedad la «rumba catalana».

Un gran número de las personas entrevistadas en los diez barrios afirman que generalmente no se sienten demasiado cómodas fuera de su propio entorno local

—sobre todo si no son «barrios gitanos»— y varios de ellos reconocen que evitan visitar otras zonas para hacer compras o por placer.

> «Aquí en mi barrio, como la mayoría somos gitanos, me siento cómodo, nadie me mira mal aquí. Pero cuando voy a Barcelona, de camino al trabajo, con mi pelo rizado y mi piel oscura, la gente me mira con desaprobación». *Mujer gitana, La Mina (E2).*

Los «barrios gitanos», es decir, los vecindarios donde una gran parte de la población es gitana, a menudo son vistos como refugios seguros para evitar el antigitanismo y las discriminaciones, aunque no se evitan a un nivel más sistémico y estructural, como explica claramente este entrevistado:

> «Sí, *La Mina* es un barrio gueto, la discriminación no existe, porque la mayoría de la población es gitana, pero el barrio está hecho para discriminar, desde su creación en los setenta. Se hizo con la intención de crear un barrio en la periferia, en los márgenes, y con un fin de exclusión social. En ese momento, lo que hicieron fue coger a todos los gitanos que vivían en chabolas y reunirlos en un mismo sitio. Hay autores que hablan de un "barraquismo vertical". Aunque no haya discriminación entre las mismas personas del barrio, las políticas que se han hecho entorno al barrio han sido discriminatorias desde sus inicios. Es verdad que ahora con los años ha mejorado la comunicación que tenemos con el tranvía, que me-

jora las comunicaciones, hay más servicios —antes no había ningún centro de salud —pero el barrio ha sido creado por fines discriminatorios». *Hombre gitano, Besós (H1).*

Relaciones personales con personas no gitanas

Respecto a las relaciones cercanas con personas españolas no gitanas, o los «payos» —usando una expresión típica de la cultura romaní—, hemos recogido varios ejemplos de cómo las actitudes de desaprobación dificultan las relaciones o incluso las llevan a su fin.

> «Sé lo que es tener una novia española y tener que despedirme de ella antes de que llegue a la esquina de su casa para que sus padres no vean que está con un gitano». *Hombre gitano, Besós (H3).*

> «Mi suegra no me quería por ser gitana. Cuando me quedé embarazada, dijo delante de todos los amigos y familiares: "Entonces vamos a tener un nieto ladrón..." y luego empezó a pedir ropa de segunda mano por todos lados, mientras que para su otra futura nieta le compraba de todo nuevo en *El Corte Inglés*». *Mujer gitana, El Gornal (C5).*

Por otra parte, varias personas entrevistadas también han explicado cómo consideran que las relaciones interpersonales con personas de origen inmigrante son más positivas e igualitarias que con los españoles no gitanos. Tales experiencias reflejan cómo la discriminación puede actuar como un denominador común que unifica el sentimiento de no ser aceptado por la mayoría étnica —la sociedad blanca de clase media que generalmente define los límites sociales en una amplia gama de situaciones— lo que coincide con los hallazgos de una anterior investigación dedicada a las autopercepciones sobre inclusión y exclusión entre inmigrantes racializados (Hellgren, 2019).

Empleo y acceso al empleo

Otra experiencia muy común a lo largo de las entrevistas es la de ser discriminado en el trabajo o, más frecuentemente, al tratar de acceder a un empleo. Múltiples testimonios reflejan cómo las personas tienen miedo de perder el empleo si se conoce que son gitanas y, muy a menudo, también sucede que las entrevistas de trabajo simplemente llegan a su fin una vez que la empresa lo descubre. Para evitar el antigitanismo en este ámbito, las personas necesitan desarrollar diferentes estrategias, que hacen que no revelar la propia identidad gitana se convierta en una práctica común. De esta manera, contamos con muchos ejemplos que reflejan cómo las personas gitanas mantienen su identidad en secreto durante la búsqueda de empleo hasta que no se sienten lo suficientemente seguras como para contarlo en el lugar de trabajo.

> «Buscando trabajo… Me mandó el INEM [la Agencia Española de Desempleo] para poner la solicitud para una vacante, pero cuando llegué y me vieron con esta cara de gitana, me dijo: "Disculpe, ¿pero usted es gitana?" y yo respondí que sí, y dijeron "Oh, lo siento,

pero no hay vacante". Pero yo insistí, y finalmente me gritó: "¡Vete, gitana de mierda!"». *Mujer gitana, El Gornal (C5).*

«Una chica hizo una entrevista en una tienda de ropa y le preguntaron: "Si vieras entrar un gitano por la puerta, ¿qué harías?" Y ella era gitana, pero no se notaba. Así muchas, sobre todo en el trabajo. Si se te nota que eres gitana, no te cogen directamente para trabajar. Tienes que disimular, te tienes que arreglar un poquito. No te puedes ir con un moño, y como tengas el pelo largo y te vean más pintada de lo normal... Ya está, no te cogen para trabajar. En mi caso, por ejemplo, trabajo en una tienda de ropa. Cuando se enteraron mis compañeras después de 4 meses, me decían: "¡Uy!, no parecías, ¿cómo puedes ser gitana tú?" Yo soy una persona normal, no por ser gitana soy peor que tú». *Mujer gitana, Nou Barris (I2).*

«Soy trabajadora en una ETT; y voy trabajando en muchas empresas. Me dicen: "Tú eres una gitana dulce, una gitana buena". Yo digo: "Es que somos todas buenas, si nos tenemos un respeto, trabajar juntas, unidas, todas somos personas». *Mujer gitana, Mataró (B2).*

«Mi hermano trabaja de barrendero y no quiere que sus compañeros se enteren de que es gitano. Solo uno lo sabe, los demás no, porque no quiere que le miren diferente. Y si hay que renovar el contrato, tal vez no se haga, y ellos no le dejarán saber por qué, pero él lo sabrá. Si todo está bien ahora, no hay razón para que se enteren». *Hombre gitano, Sant Roc (A4).*

El miedo a la discriminación y al maltrato por los estereotipos antigitanos a veces se plasma de otra forma, como en el caso de esta entrevistada, que prevé lo que le podría pasar en caso de conocerse su identidad gitana:

> «Yo ahora donde estoy trabajando es la primera vez que entro a trabajar. Yo claro, trabajo de limpieza en una pensión, de entrar a las habitaciones, cambiar sábanas y eso. Claro, yo iba con el miedo, que no quiero que sepan que soy gitana. Yo les hago la habitación. ¿Qué pasa si el día de mañana les falta algo en la habitación? A mí me decían: "¿Eres gitana?" Yo no sabía que contestar. Si digo que sí, me pueden tomar como: "Es la gitana". Voy con mucho miedo. Mis compañeras me dicen —llevo más de un año ya—: "Cuando tú entraste aquí, eras muy callada, muy reservada, apenas hablabas". Claro, yo se lo digo: "Era por el miedo. Por el miedo de que supieras que soy gitana, que me tratarais diferente, de que si pasara algo, que yo tuviera la culpa". Esto te afecta mucho, crea mucha inseguridad en ti, en cualquier parte». *Mujer gitana Besós (H2).*

También hay testimonios de cómo, una vez que la etnia gitana de la persona es conocida por los compañeros de trabajo, se convierte en un motivo constante de cuestionamiento, burla o exclusión:

«En el trabajo hacen chistes de gitanos delante de todo el mundo y me dicen: "Pero no te lo tomes mal", hacen bromas sobre mí como si estuviera tratando de ser inteligente y me aprovechara de todos, pero no todos los gitanos son así. Y luego dicen: "Perdón, pero es que usamos la palabra "gitano" de esta manera", pero les digo que soy gitano y que no me gusta cuando dicen eso delante de mí». *Hombre gitano, Besós (H3).*

«En un trabajo que yo tenía, éramos tres gitanos, y nunca habíamos tenido ningún problema, pero nunca nos invitaban a las fiestas y reuniones que hacían, y era un colegio. Incluso le dije al director: "Si no nos invitas, nunca seremos como tú porque no nos dejas"». *Hombre gitano, Sant Roc (A4).*

Escuelas

Los ejemplos de antigitanismo en el entorno escolar rara vez se refieren a actos explícitamente racistas, comentarios o bromas, como es habitual en otros entornos como en el trabajo, entre vecinos, en espacios públicos... Aunque sí se producen y consisten principalmente en un trato discriminatorio de familias o alumnos no gitanos, hacia niños y niñas gitanas.

«Mi hija tuvo un problema en la escuela, con otras 3 niñas, todas gitanas, y un grupo de 14 niñas, casi toda la clase, se metían con ellas, las llamaban gitanas, con ánimo de humillación. Y las niñas hacían un juego: cuando las niñas gitanas tocaban algo de los lápices,

> de la mesa, decían: "¡Desinfección, desinfección!", como si esto estuviera contaminado. [...] Fuimos a aclararlo en tres ocasiones con la directora y la directora no le daba mucha importancia: "Son cosas de niñas", decía». *Hombre gitano, Mataró (B3).*

Lo que resulta especialmente grave de esta experiencia es que al trato discriminatorio entre alumnas se añade una normalización por parte de la dirección de la escuela, que minimiza y no da peso a los hechos.

Las experiencias de nuestros encuestados de ser estigmatizados y tratados como inferiores por ser gitanos en las situaciones escolares se refieren además a la visión estereotipada que los profesores tienen en algunos casos sobre las personas gitanas y, en particular, a las bajas expectativas que se tienen respecto a ellos y la falta de fe en ellos como estudiantes.

> «Cuando estaba en educación de adultos para obtener el diploma de la escuela obligatoria, pregunté al profesor para informarme sobre las opciones de educación superior porque no sabía qué hacer para seguir estudiando y me dijo: "Considerando tu situación, es mejor que lo dejes ahora, la escuela primaria es suficiente para ti". Quería decir que, dado que soy gitana, lo que haré es casarme joven... pero todavía no estoy casada y ahora estudio en la universidad, porque no lo escuché, porque nadie debería decirme qué hacer. Quiero continuar estudiando y tener un futuro mejor». *Mujer gitana, La Mina (E4).*

«He trabajado en escuelas donde la mayoría no es gitana, y he visto cómo no les dan deberes a los niños gitanos, diciendo: "Ellos no los harán". Lo más fácil para ellos [los maestros] es simplemente echarlos. Si un niño se porta mal o si hay niños con dificultades, ellos simplemente los separan del resto, como: "Haz lo que quieras, quiero simplemente que no me molestes". Experimenté esto yo mismo cuando era niño, no perdí clases de inglés, pero nunca me enseñaron inglés. Obtuve mi diploma de Escuela Secundaria como adulto y en la escuela de adultos, el personal hacía bromas sobre mí y otro chico gitano, diciendo: "Mira, gitanos estudiando, deberíamos hacer un cartel con ellos" y aunque estaban bromeando, me sentí mal por eso». *Hombre gitano, Sant Roc (A4).*

Tales experiencias han afectado a las personas gitanas cuando estaban en la escuela —como hemos visto, también en la de adultos— y ahora está afectando a sus hijas e hijos. La experiencia de ser tratado como alguien sin perspectivas de futuro, como alguien para quien la educación no tiene sentido, es más común en las escuelas donde los estudiantes gitanos son una minoría. Esto es consistente con los resultados de una investigación anterior que muestra que los niños gitanos se sienten más cómodos y mejor tratados en las escuelas con una mayoría de alumnos gitanos, aunque en general también se consideraba que estas escuelas tenían un menor nivel educativo respecto a las escuelas donde la mayoría de los estudiantes era no gitana (Hellgren y Gabrielli, 2021b, Hellgren y Gabrielli 2018a y 2018b).

Las entrevistas han resaltado también que, aunque los prejuicios hacia las estudiantes gitanas y gitanos pueden variar según el género, los efectos son los mismos: no incentivar la motivación para estudiar y, en el peor de los casos, facilitar un eventual abandono escolar.

> «Mi tutora me dijo cuando hice la preinscripción para Bachillerato: "Los gitanos no estudiáis y vais a desaprovechar una plaza en Bachillerato que podría aprovechar un compañero". Esto me lo dijo mi tutora. Yo me creía buen estudiante. Y mi padre me apoyaba, y mi familia quería, y mi tutora me decía por ser gitano que era una locura hacer la preinscripción para Bachillerato. Lo que a mí se me hizo pensar: "La universidad está muy lejos, no vas a llegar". Y soy el primero de mi familia que va a la universidad».
> *Hombre gitano, Nou Barris (I1).*

En otras palabras, mientras que de las estudiantes gitanas a menudo se espera que se casen jóvenes y abandonen la escuela para criar a su prole, de los estudiantes gitanos se espera también que abandonen la escuela, en este caso, para trabajar y mantener a su familia (prematuramente formada), o incluso para participar en actividades delictivas. En ambos casos, se hace patente la tendencia de muchos profesores a tener una expectativa negativa que sostiene que los estudiantes gitanos están destinados al fracaso escolar. De tal manera, no merece la pena invertir energía ni esfuerzo en ellos, hecho que se percibe claramente en los testimonios de las personas entrevistadas. Este hombre gitano que trabajaba como personal de apoyo en una escuela primaria detalla bien esta situación:

> «Detecté que unos chavales que veía semanalmente [...] siempre estaban en una sala solos, no en una clase. Hablo de chavales de quinto de primaria. [...] Fui a hablar con la dirección del centro, y reconocieron que ya habían tenido quejas de esta tutora, habían tenido problemas porque hacía dos cursos que a los cuatro chavales gitanos no les daba clase. El tutor está todas las horas con ellos, aparte de música y educación física. Cada vez que le tocaba con ella, se quedaban solos. [...]Ante esta situación, yo fui a hablar con la dirección del centro, y les dije que me parecía muy grave, y más grave aún que la dirección supiera de la situación y no pasara nada. El director me dijo que en el barrio se estaba sufriendo mucho con los gitanos y que esto se trasladaba al centro. Son dos cursos que se perdieron, cuarto y quinto de primaria. Después te dicen que no tienen nivel, de que a las familias gitanas no les interesa el cole». *Hombre gitano, Nou Barris (I5).*

Sistema de salud

Se ha documentado en investigaciones anteriores que el sector de la salud es un ámbito en el que las personas gitanas sufren mucha discriminación ya que pueden ser tratados con una mezcla de desprecio y paternalismo, similar a lo que sucede en relación con otras instituciones como los servicios sociales, el servicio de empleo, las autoridades fiscales o también con los bancos, entre otros (Werner Boada, 2019). Entre las narrativas de las personas entrevistadas han surgidos varios ejemplos de estas experiencias, principalmente por parte de mujeres gitanas.

> «Cuando di a luz a mi segundo hijo no quería la epidural, pero me mandaron el anestesista de todos modos y cuando le dije que no, me dijo: "Tienes que ser gitana para preferir el dolor". Y eso me afectó, porque él era un hombre educado y dijo algo así... ¿Qué tenía que ver mi origen étnico con todo eso?» *Mujer gitana, Sant Roc (A2).*

> «Todas estas experiencias me hacen sentir especialmente mal porque no me siento una ciudadana de tercer grado, soy de Barcelona como cualquier catalán. Pero nos tratan... Como cuando fui con mi yerno, que es marroquí, y mi nieta al hospital porque tenía fiebre. La enfermera nos dio un termómetro y nos dijo que lo sacáramos cuando sonara. Y vino la doctora y nos miró con disgusto y nos trató con tanto desprecio... Como si ya nos hubiera hecho un perfil étnico. Nos gritó por sacar el termómetro, y mi yerno, que es muy educado, les dijo que nos dijeron de hacerlo, y gritó: "Eso es mentira". A ella no le importaba la niña enferma... era todo sobre "yo mando aquí porque soy más blanca que tú"». *Mujer gitana, El Gornal (C2).*

Una posible interpretación del sesgo de género que hemos registrado en este ámbito es que las mujeres gitanas pueden ser más vulnerables que los hombres gitanos frente a actitudes paternalistas y despectivas, ya que el prejuicio común de que los hombres gitanos son «peligrosos» hace que, por ejemplo, las personas que trabajan en las instituciones públicas sean más cautelosas a la hora de hablarles con desprecio.

Las fuerzas de seguridad

Si anteriormente hemos comentado que más mujeres que hombres han afirmado experimentar antigitanismo en los supermercados, en los parques infantiles y en relación con las instituciones públicas; esta situación cambia por completo en relación con las fuerzas de seguridad. Existe claramente un predominio masculino entre los entrevistados que explican haber experimentado antigitanismo en su relación con la policía: les paran con más frecuencia en las calles o en espacios públicos, o cuando conducen un automóvil basándose simplemente en el hecho de ser identificado como gitanos.

> «Si vamos tres o cuatro gitanos en un coche, siempre nos paran [la policía]. Ellos nos preguntan: "¿Adónde vais?", "¿Qué hacéis?" y yo pregunto: "¿Por qué nos detienes si dejas pasar a todos los otros coches?". Y ellos responden: "¡Hombre!, si sois cuatro gitanos en un auto, claro que te paramos", lo dicen así de claro».
> *Hombre gitano, Sant Roc (A6).*

Una de las narrativas sobre sufrir abusos por parte de la policía se muestra especialmente grave, reflejando cómo en un barrio de población gitana numerosa un hombre casi le confiscan un objeto de su propiedad basándose únicamente en su origen étnico:

«El otro día, cuando volví del trabajo por la noche, iba en patinete eléctrico. Y los Mossos me pararon en la calle y querían ver los papeles del patinete, ¡o me lo quitaban! Dieron por hecho que me lo había robado y al final, por suerte, yo tenía la factura electrónica todavía en el móvil…». *Hombre gitano, El Gornal (C1).*

En otros casos reportados por las personas entrevistadas, el trato discriminatorio se produjo cuando las personas gitanas querían denunciar casos de discriminación que habían sufrido anteriormente:

«Denuncié que me discriminaron en el supermercado, que me siguieron y solo me obligaron a mí a mostrar mi bolso. Llamé a la policía y les dije lo que pasó. Vino la policía, y defendieron al personal del supermercado. Me dijeron "Pero si no te gusta cómo te tratan aquí, ¿por qué no te vas a otro supermercado?"». *Mujer gitana, El Gornal (C4).*

«Hemos ido a la policía [a denunciar discriminación] y se rieron de nosotros. Tenían esta actitud como: "¿Estás fumado o qué?", "¿Realmente hablas en serio?". No podían entender lo que estábamos haciendo allí». *Mujer gitana, El Gornal (C2).*

Estas experiencias con las fuerzas de seguridad son particularmente dañinas en el sentido de que perjudican a la ya escasa confianza que las personas gitanas tienen en el sistema de justicia y, en última instancia, en el estado de derecho y en la sociedad en su conjunto. Sufrir discriminación por parte de la policía refuerza las expectativas de ser tratado como un «ciudadano de segundo nivel», como alguien que, a pesar de tener la ciudadanía, en la práctica, no goza de la igualdad de derechos ni de oportunidades.

El caso excepcional: crímenes de odio y violencia

Al definir las experiencias dominantes de antigitanismo cotidiano relatadas por las personas entrevistadas, tuvimos que considerar cuidadosamente dónde trazar la línea que separa lo que parece «cotidiano», es decir, formas normalizadas de exclusión o rechazo; de lo que es claramente un delito penal, un crimen de odio o un caso de agresión violenta. De hecho, también sucede que formas más abiertas de discriminación son ampliamente toleradas, y por tanto normalizadas, en mayor medida cuando afectan a personas gitanas en comparación con cualquier otro grupo minorizado.

La discriminación por motivos de origen o etnia es ilegal en España. Sin embargo, los tratos discriminatorios en la educación, el empleo, la vivienda, los supermercados u otros ámbitos son extremadamente difíciles de probar y rara vez se abordan porque, además, estas dificultades se suman a la escasa confianza en el sistema policial y de justicia. El escaso número de denuncias es un problema general de la lucha contra las diferentes formas de discriminación étnica o racial, tanto en España como en otros países de Europa.

Entre las muchas experiencias de discriminación que se nos han relatado, solo una se produjo en términos tales de representar claramente un delito penal. En uno de los barrios donde hemos llevado a cabo la investigación, donde aproximadamente la mitad de los residentes son gitanos, un vecino no gitano se enfadó con un grupo de niños gitanos que, a su juicio, hacían demasiado ruido mientras jugaban en el parque debajo de su casa. Esto hizo que les arrojara un recipiente de vidrio lleno de aceite hirviendo desde la ventana de un edificio de gran altura. Afortunadamente, no hubo niños heridos, pero este caso fue denunciado a la policía y terminó en juicio. Los demandantes gitanos, los familiares de los niños, nos explicaron que se sintieron maltratados durante todo el procedimiento legal. Por el contrario, al perpetrador, la policía le ofreció protección «en caso de que los gitanos tomaran represalias» e incluso después de que se dictaminó un veredicto —los entrevistados no estaban seguros de si realmente se impuso alguna pena—, la policía pasaba frecuente por el barrio para proteger al agresor. Este incidente refleja una vez más cuán severamente dañada puede estar la confianza del pueblo gitano en el sistema policial y de justicia, lo que explica la gran reticencia o desmotivación a denunciar la discriminación.

Las consecuencias del antigitanismo cotidiano

«*Tenemos el alma cauterizada*»: *consecuencias individuales, normalización y sensibilización*

Las consecuencias a nivel personal de las experiencias de racismo y discriminación sufridas por ser gitanos a las que las personas entrevistadas se refieren, y que se repiten desde la primera infancia durante toda su vida, son muchas y operan a diferentes niveles. Aunque el resultado final sea siempre el mismo sentimiento de no ser deseado, de no ser bienvenido, de ser el último de la fila, un ciudadano de segundo nivel. Esto se traduce en una consecuente baja autoestima y refuerza la expectativa de ser discriminado, lo que, según muchos de los encuestados, es común entre los gitanos. Además, esta expectativa fuertemente interiorizada de ser discriminado o víctima de racismo se pasa de generación en generación y estos episodios tienden a ser normalizados.

> «Esto lo sabemos desde niños, que como gitanos siempre somos discriminados. Siempre ha habido persecución. Esto es algo que transmitimos de padres a hijos. Si voy a algún lado a buscar trabajo y me discriminan por ser gitano… Bueno, eso es lo que espero, porque lo mismo le pasó a mi padre, a mi abuelo y a mi bisabuelo». *Hombre gitano, Gràcia (D1).*

> «Nuestras almas están "cauterizadas", si entiendes lo que quiero decir. Esto que los cirujanos hacen cuando cauterizan un órgano, dan anestesia. Estamos cauterizados. Duele, sí, pero depende… Si entramos en una tienda y nos siguen, estamos acostumbrados. Si nos tratan mal cuando alquilamos un apartamento, en el trabajo, en la escuela… estamos acostumbrados. Pero duele, y hay gente a la que le hace mucho daño». *Hombre gitano, Sant Roc (A1).*

La normalización del antigitanismo está estrechamente relacionada con un escepticismo generalizado hacia posibles soluciones y con una sensación de que «las cosas nunca cambiarán», como nos lo han explicado las personas entrevistadas. Consideramos particularmente relevantes y alarmantes estas dinámicas desde la perspectiva de la lucha contra las discriminaciones.

> «Cuando salgo de mi casa, estoy preparado para ir a la guerra, por así decirlo, para defenderme». *Mujer gitana, El Gornal (C3).*

> «Imagine a un joven que quiere salir y celebrar sus 18 años en una discoteca y no puede hacerlo porque es gitano y nadie le deja entrar. Imagínese cómo se siente». *Hombre gitano, El Gornal (C1).*

Los efectos del antigitanismo a nivel individual descritos por los entrevistados generalmente coinciden con los que hemos detallado anteriormente en el modelo de antigitanismo cotidiano (ver Figura 1). En resumen, estar expuesto a actitudes y acciones discriminatorias de manera regular desde una edad temprana genera sentimientos de tristeza, ira y desapego hacia la sociedad, de la que uno no se siente parte. Esto, a su vez, afecta a la autoestima, la autoimagen y el sentido del valor de las personas. Lo que, al mismo tiempo, genera el desarrollo de estrategias para evitar la exposición a la discriminación y el racismo por parte muchas de las personas entrevistadas. Así, las personas gitanas prefieren no visitar otras zonas de la ciudad, evitan entrar en algunas tiendas o supermercados, no intentan alquilar pisos en determinados barrios o solicitar ciertos puestos de trabajo debido a la expectativa generalizada de sufrir rechazo y humillación.

> «Si yo, que siempre me he portado impecablemente, me trasladara al centro [de su municipio], a un edificio pequeño típico con, digamos, ocho apartamentos, los vecinos protestarían y dirían: "¡Oh no, un gitano!, venderá droga, robará...", porque nadie quiere a un gitano en su edificio. Incluso si tuviera un millón de euros y comprara el apartamento, la gente se quejaría». *Hombre gitano, Sant Roc (A1).*

Sin embargo, algunos de los entrevistados también afirman que se niegan a aceptar ser tratados como inferiores por el hecho de ser gitano. Explican que se mueven a su antojo por diferentes partes de la ciudad y contestan a los que les insultan o cuestionan las situaciones de discriminación.

Consecuencias a nivel social y limitaciones externas

Nuestro modelo de antigitanismo cotidiano (ver Figura 1) pretende ilustrar de manera complementaria cómo operan los prejuicios y sus perjudiciales consecuencias para los gitanos y no gitanos. De esta manera, el rechazo que las personas no gitanas a menudo sienten y expresan en sus relaciones cotidianas con los hombres y mujeres gitanas reproduce patrones de antigitanismo que afectan a este último grupo a nivel personal y psicológico, pero no solamente se limita a esto. También a nivel material, este rechazo se traduce, por ejemplo, en un acceso bloqueado o limitado a diferentes situaciones y oportunidades relacionadas con el empleo, la vivienda, la educación, el ocio... Lo que afecta gravemente y ayuda a reforzar las desigualdades ya existentes, algo que, a su vez, como en un bucle, tiende a reforzar los prejuicios hacia las personas gitanas. De este modo, «el estigma gitano» —que conlleva tener menos oportunidades a nivel personal, profesional y social— refuerza una visión predominantemente negativa y muy generalizada sobre las personas gitanas que resuena a diferentes niveles. Se puede tratar de un tratamiento despectivo y estereotipado hacia los y las gitanas en los medios de comunicación, de una representación estereotipada y falta de expectativas en las escuelas y, en general, de una tendencia a no querer y no interactuar con las personas gitanas. Esto además refuerza las autopercepciones gitanas de ser «no deseados por la sociedad», generando un círculo vicioso sin fácil solución a la vista. Varias de las personas entrevistadas describen precisamente cómo su sensación de no poder formar parte de la sociedad plenamente está en el centro del problema:

> «Creo que nos integramos en la sociedad, pero ellos [los no gitanos] no nos dejan. Mira, si tú [referido a la entrevistadora, mujer no gitana] y yo solicitamos el mismo trabajo, con el mismo CV, sé que te elegirán a ti. Y ¿por qué? Porque cada vez que mencionan a los gitanos en la televisión, dicen: "Hay tiroteos entre dos clanes gitanos..." y la gente nos tiene miedo. Y luego reciben un CV de nombre gitano, de barrio gitano, y lo tiran directamente a la basura». *Mujer gitana, La Mina (E2).*

Investigaciones anteriores ya han demostrado cómo el hecho de que las personas gitanas sean fuertemente identificadas por el resto de la sociedad con características negativas afecta a sus interacciones con las instituciones públicas. Esto se puede apreciar claramente en las narrativas sobre la percepción de cómo los maestros están «programados negativamente» hacia los alumnos y alumnas gitanas en la escuela, a los que verían automáticamente como condenados al fracaso (véase Miskovic, 2009; O'Hanlon, 2016; Werner Boada, 2019; Hellgren y Gabrielli, 2021b). En suma, los prejuicios tan difusos y profundamente negativos sobre los gitanos claramente generan fronteras tangibles que dificultan o limitan su inclusión social. Este patrón destructivo se ve reforzado por el hecho de que muy pocas personas de origen gitano alcancen posiciones influyentes en la sociedad, o no estén presentes ni visibles, por ejemplo, como maestros o profesores de escuela, médicos, funcionarios públicos o policías.

El caso del sistema educativo nos parece particularmente relevante, ya que tiene un impacto fundamental en la construcción tanto de las percepciones de los no gitanos como de la propia autopercepción de alumnos y alumnas gitanas en general y en su relación con la sociedad no gitana. Es verdad que en las últimas décadas se ha introducido en las escuelas personal específico de apoyo de origen gitano: los promotores escolares. Sin embargo, existe un gran consenso dentro de la comunidad gitana al señalar que la cultura y la historia gitana no están en absoluto representadas en las escuelas e institutos. De la misma manera, el número de docentes gitanos es prácticamente inexistente y, en general, los alumnos y alumnas gitanas perciben que hay una visión negativa y estereotipada sobre ellos y que además es muy hegemónica en las instituciones educativas, como refleja esta cita:

> «En la escuela, recuerdo que leímos un cuento cuando yo era niña y la bruja era una gitana… y los otros niños iban diciendo: "Ay, la bruja, la malvada, una gitana", y eso fue lo único que dijeron sobre los gitanos en la escuela. Ellos no mencionaron el holocausto o que aquí en España nos cortaban las orejas solo por hablar nuestro idioma o por vestirnos como nosotros. Hay mucha desinformación». *Mujer gitana, El Gornal (C3).*

Esto recuerda las explicaciones de O'Hanlon (2016, p.7) sobre cómo la relación de España con su población gitana está (o no) representada por su sistema educativo: «Los estudiantes gitanos no están en las aulas, y su historia no está en los libros de texto: 500 años de aportación gitana a España no merece una sola mención en los libros de historia de la escuela».

Reacciones frente a la discriminación: experiencias de denuncia

Muchas de las personas entrevistadas afirmaron que es importante denunciar la discriminación, hacer ruido, por ejemplo, en las redes sociales. Varias de las personas gitanas incluso consideraron a esta última herramienta como la más útil para denunciar públicamente episodios de discriminación, como cuando algún establecimiento comercial tiene actitudes antigitanas, y hacer visible, de esta manera, el antigitanismo como un problema relevante para el conjunto de la sociedad. La sociedad civil gitana ha estado muy activa en los últimos años con el fin de aumentar la visibilidad del antigitanismo como un desafío de toda la sociedad, tanto para concienciar como para lograr que se tomen medidas legales reales. Un hito importante en este sentido ha sido la inclusión en la sede parlamentaria, el 26 de mayo de 2022, del antigitanismo como motivo que puede incurrir en delitos de odio, mediante una enmienda a la Ley de Igualdad de Trato.

Sin embargo, tanto los entrevistados como los representantes de la sociedad civil consideran que, en la práctica, sigue siendo complicado que las personas víctimas de antigitanismo cambien su punto de vista y empiecen a pensar que informar o denunciar tales conductas lleve a algún resultado. La Oficina para la No Discriminación de Barcelona —con la que algunas personas entrevistadas han estado en contacto para informar sobre casos de antigitanismo— también reconoce lo difícil que es llegar a un reconocimiento y resolución real y formal de tales casos, ya que generalmente es «mi palabra contra la tuya». Sigue existiendo, en general, una gran resignación hacia las conductas antigitanas, basada en muchas experiencias negativas de denuncias, entre otras cosas. Algunas de estas experiencias fueron compartidas por los participantes de este proyecto y resultan muy ilustrativas a la hora de mostrar los desafíos que implica lograr un cambio en este sentido.

> «Creo que entre denunciar la discriminación formalmente... o esperar, deberíamos hacerlo, todos deberían denunciarlo, por supuesto... Siempre decimos: "Si denunciamos, no cambiará nada", pero si todo el mundo lo hiciera cada vez que pasa algo, una y otra y otra vez, yo creo que finalmente lograríamos mucho. Debemos ayudarnos unos a otros, ir juntos

> a la oficina de policía e informar. Pero el problema es que hemos normalizado esto [la discriminación] y como vemos que no nos escuchan, nada cambia». *Mujer gitana, Gràcia (D2).*

Parece claro, una vez más, que el proceso hacia la conciliación y la igualdad debe ocurrir simultáneamente desde las propias personas gitanas y desde la mayoría étnica de la sociedad. Para aumentar la confianza de los gitanos en el sistema, los representantes de las administraciones deben tomar en serio sus preocupaciones y garantizarles el mismo trato objetivo y justo, como a cualquier otro ciudadano. A todas las personas gitanas entrevistadas se les preguntó qué pensaban sobre denunciar formalmente el antigitanismo y si lo habían hecho alguna vez o pensaban hacerlo ellos mismos. Aquí exponemos algunas de las respuestas que ilustran el sentir compartido en este ámbito:

> «La queja del gitano no tiene peso, no es como la queja de un no gitano. Si vas a la policía y no tiene ningún efecto, ¿por qué deberías hacerlo?» *Hombre gitano, Sant Roc (A4).*

> «Nunca he denunciado nada porque sé que se reirán de mí, no me creerían, diga lo que diga, por ser gitana, lo que digo no tiene ni peso ni fundamento». *Mujer gitana, El Gornal (C3).*

> «Lo que necesitamos no es denunciar, es que la gente cambie de opinión sobre nosotros, pero no lo hará». *Mujer gitana, Gràcia (D6).*

En definitiva, estos relatos de las experiencias de antigitanismo vividas explican por qué los gitanos pueden ser reacios a denunciar la discriminación y esperan, por lo general, que la policía se burle de ellos o que se ponga del lado del perpetrador.

Las experiencias que hemos recogido muestran que, incluso en casos públicos y visibles en los que claramente se trata de una cuestión de discriminación étnica, el hecho de que algo cambie se ve como una posibilidad remota, como bien lo ilustra la siguiente cita:

> «Éramos 6 o 7 matrimonios y nos fuimos a celebrar que dos amigos míos, todos gitanos, habían aprobado unos exámenes, y queríamos celebrarlo comiendo en un restaurante [de un centro comercial en Barcelona]. Nosotros, todo el grupo, somos cristianos, no vamos a discotecas, no bebemos alcohol, somos gente de bien, solo íbamos a comer a un restaurante. Para nuestra sorpresa, cuando llegamos al restaurante a comer, con una reserva previa hecha el día anterior, —en época de COVID, hicimos reserva previa, de 3 mesas, para poder guardar la distancia y para cumplir con la normativa— el gerente del establecimiento nos dijo que tenía que mirar quienes éramos, porque había tenido problemas con "gente como nosotros". Claro, cuando nos dijo esto, evidentemente nosotros sabíamos que con "gente como nosotros" se refería a que había tenido un problema con otro gitano. Pero ¿qué culpa tenía yo de que tuviera un problema con otro gitano? [...] Era un caso de racismo evidente. Al intentar que se justificara por qué nos trata así,

se puso a la defensiva, y nos dijo: "Si queréis que os atienda, os atiendo, pero me tenéis que pagar por adelantado". Como si no se fiara, como si nos fuéramos a ir sin pagar. Después de sentir que estábamos sufriendo un caso de discriminación, llamamos a los Mossos d'Escuadra y mientras venían, intentamos que el gerente nos diera la hoja de reclamaciones. Nos dijo que no la tenía. Les pedimos a los Mossos que nos la intentaran dar. Nos dijeron que no estaba obligado a tenerla, que nos buscáramos la vida, que bajáramos al puesto de información [de un centro comercial en Barcelona], y que la enviáramos nosotros a la oficina del consumidor. Nosotros sabíamos que no era así, en el mismo grupo de amigos, muchos trabajaban en una tienda del mismo centro comercial y sabíamos que el local está obligado a tener la hoja de reclamaciones y que si el cliente te la pide se la tienes que dar. [...] Íbamos felices, nos sentimos discriminados sin ninguna justificación, no nos dio la comida, intentamos llamar a la policía para sentirnos seguros, para ver si alguien nos protegía, pero tampoco nos sentimos muy protegidos. Una sensación de impotencia e inseguridad muy grande. Los Mossos hablaron por separado con nosotros y con el gerente. No a la vez. Yo no quiero llamar a nadie mentiroso, no sé si el señor se equivocaría o no tenía clara la ley.... Nosotros sabemos que hay que tener una hoja de reclamaciones y darla si te la piden... No quisieron poner mucho empeño. Los Mossos no tomaron constancia de lo que había pasado para una denuncia. En el punto de información nos dijeron que teníamos razón y allí nos la dieron, pero tampoco pudieron hacer nada más. Nosotros, como muchos de los que trabajamos en asociaciones gitanas, sabíamos qué teníamos que hacer. Yo y otro de mis amigos fuimos a la OND [Oficina para la No Discriminación de Barcelona] a denunciarlo. Y hoy por hoy el caso sigue abierto, nosotros no exigimos nada, no hemos pedido dinero por daños morales. Pedimos una disculpa, que se disculpasen por un caso claro de discriminación y está en proceso». *Hombre gitano, Besós (H1)*

5. EPÍLOGO

Las consecuencias del antigitanismo cotidiano son muchas y muy graves, tanto a nivel individual para las personas que lo sufren, como a nivel social para el propio pueblo gitano, pero también para la cohesión de la sociedad en su conjunto. Consideramos que la normalización generalizada del antigitanismo, tanto en el propio pueblo gitano como en la sociedad mayoritaria, supone un obstáculo fundamentalmente grave, y solo reconociéndolo como tal, podremos combatirlo de forma más activa y efectiva.

Nuestro estudio se centra en las personas que viven el racismo y sus consecuencias en primera persona. Y, sin duda, es fundamental documentar las diversas agresiones que sufren las personas gitanas desde una edad temprana y cómo estas les marcan a lo largo de la vida influyendo en su autopercepción, en sus sentimientos de pertenencia e identificación con la sociedad, en sus oportunidades y en su bienestar material y emocional. Sin embargo, también es el momento de dirigir la mirada hacia los que estigmatizan, los que reproducen estereotipos negativos sobre las personas gitanas, tal vez sin ni siquiera ser conscientes de ello, ni tampoco de las consecuencias que generan en aquellos a los que discriminan. Personas como tú, o como nosotros, personas que necesitamos pasar por un proceso de concienciación, a veces doloroso y complicado, para darnos cuenta de los privilegios de los que disfrutamos y entender mejor lo que significa carecer de ellos; para ser conscientes de que ciertas formas de discriminación hacia el pueblo gitano están interiorizadas, no solo en nuestros comportamientos y actitudes cotidianas, sino también en la sociedad y sus instituciones.

Las estructuras sociales se componen de la reproducción constante de innumerables actos individuales. El racismo y la discriminación también se pueden romper y modificar mediante actos individuales que, en el día a día, contribuyen a incluir en lugar de excluir, que ayudan a aceptar las formas de diferencias y disidencias existentes en el cuerpo social sin enfatizarlas significativamente para evitar crear y reforzar la otredad y la exclusión.

Lo que, sobre todo, pretendemos con este libro es que los resultados de nuestra investigación puedan inducir a las personas que lo lean a reflexionar, para así poder originar un cambio. De esta manera, tal vez, nos acerquemos unos pasos más hacia una «normalidad» en la que un profesor de instituto escucha a la persona que tiene delante y la anima a explicar sus sueños y ambiciones, en lugar de ver a «otra niña gitana» que se va a casar pronto y no tendrá interés en seguir sus estudios. Una realidad en la que, de hecho, no sorprende a nadie que la profesora de la clase 4B sea de etnia gitana, o bien la directora del centro, o el asesor que te recibe en tu banco, o el policía del barrio, o el próximo candidato a la alcaldía. Una realidad en la que la dependienta de una elegante tienda de ropa acoge con un sonriente «bienvenidos» a la pareja con rasgos aparentemente gitanos que acaba de entrar en lugar de avisar al vigilante. Una realidad en la que el racismo que nos nubla la vista se despeja finalmente, y en la que se toman medidas reales y efectivas contra la exclusión social en los barrios más castigados, exclusión que nada tiene que ver con la «cultura gitana» o con el «no querer integrarse». Porque se puede elaborar mil y un planes de inclusión, pero si las personas no gitanas no cambian sus conductas cotidianas hacia las personas gitanas, de poco servirán. Si, desde la humildad, la lectura de este trabajo ha logrado producir este cambio en un solo lector, nuestra investigación ya habrá sido, en cierta medida, un éxito.

6. REFERENCIAS

Agüero Fernández, S. 2020. Informe Sobre la Situación del Pueblo Gitano en España. Pretendemos Gitanizar el Mundo/Plataforma Ciudadana Rosa Cortés por la Memoria Gitana/Camelamos. https://bityl.co/NFws.

Andújar, A.; Sánchez, N.; Pradillo, S. & Sabín, F. 2022. Jóvenes y racismo. Estudio sobre las percepciones y actitudes racistas y xenófobas entre la población joven de España. Madrid: Centro Reina Sofía sobre Adolescencia y Juventud, Fundación Fad Juventud. DOI: 10.5281/zenodo.7268038.

Bela-Lobedde, D. 2021. *Minorías: Historias de desigualdad y valentía*. Madrid: Plan B.

Bonilla-Silva, E. 1997. Rethinking Racism: Toward a Structural Interpretation. *American Sociological Review* 62(3), 465-480. https://doi.org/10.2307/2657316

Burgett, B. & Hendler, G. 2014. *Keywords for American Cultural Studies*. Nueva York: New York University Press.

Claps, E. & Vitale, T. 2011. Not Always the Same Old Story: Spatial Segregation and Feelings of Dislike against Roma and Sinti in Large Cities and Medium-size Towns in Italy. Multi- Disciplinary Approaches to Romany Studies, Central European University Press, pp.228-253.

Cortés, I. y End, M. eds. 2019. *Dimensions of Antigypsyism in Europe*. Brussels: ENAR.

Cortés, I. 2021. *Sueños y sombras sobre los gitanos. La actualidad de un racismo histórico*. Barcelona: Bellaterra.

Cortés, I., Caro, P. & End, M. 2021. *Antigitanismo. Trece miradas*. Madrid: Traficantes de sueños.

Cortina Orts, A. 2017. *Aporofobia, el Rechazo al Pobre. Un Desafío para la Sociedad Democrática*. Barcelona: Paidos.

Dalal, F. 2002. *Race, Colour and the Processes of Racialization*. Sussex: Brunner-Routledge.

Damonti, P. & Arza Porras, J. 2014. Exclusión en la Comunidad Gitana. Una Brecha Social que Persiste y se Agrava. Fundación Foessa, Documento de Trabajo 3.5. https://bityl.co/NFww.

El-Tayed, F. 2021. *Racismo y resistencia en la Europa daltónica*. Santander: La Vorágine.

ENAR (European Network Against Racism), página web accedida el 23 de febrero del 2023. https://bit.ly/4aAozw0.

Fakali (Federación de Associaciones de Mujeres Gitanas). 2020. Fakali, antigitanismo y Covid-19. Informe del Impacto del Antigitanismo en la Sociedad del Coronavirus. Available online: https://bityl.co/NFwz.

Fejzula, Sebijan. 2019. The Anti-Roma Europe: Modern ways of disciplining the Roma body in urban spaces. *Revista Direito e Práxis* 10: 2097–16.

Filigrana, Pastora. 2020. *El pueblo Gitano Contra el Sistema-Mundo. Reflexiones desde una Militancia Feminista y Anticapitalista*. Madrid: Akal.

Fundación Secretariado Gitano. Report. 2013. El Impacto de la Crisis en la Comunidad Gitana. Informe Julio 2013. Madrid: Fundación Secretariado Gitano.

FRA (European Union Agency for Fundamental Rights) report, 2018. Hate crime recording and data collection practice across the EU. https://bityl.co/NFx2.

Gans, Herbert J. 2017. Racialization and Racialization Research. *Ethnic and Racial Studies* 40 (3): 341–352.

Hellgren, Z. 2021a. Representations of Ethnic Diversity: The Role of Public Institutions for Inclusionary Citizenship Practices. GRITIM-UPF Working Paper Series No. 47 Spring 2021.

Hellgren, Z. 2021b. Final project report, REPCAT: The Role of the Ethnic Majority in Integration Processes: Attitudes and Practices towards Immigrants in Catalan Institutions. DOI 10.13140/RG.2.2.22344.24320

Hellgren, Z. 2019. Class, race – and place: Immigrants' self-perceptions on inclusion, belonging and opportunities in Stockholm and Barcelona. *Ethnic and Racial Studies* 42(12): 2084-2101.

Hellgren, Z. & Gabrielli, L. 2021a. Racialization and Aporophobia: Intersecting Discriminations in the Experiences of Non-Western Migrants and Spanish Roma. *Social Sciences* 10, no. 5: 163. https://doi.org/10.3390/socsci10050163

Hellgren, Z. & Gabrielli, L. 2021b. The Dual Expectations Gap. Divergent Perspectives on the Educational Aspirations of Spanish Roma Families. *Journal of Intercultural Studies* 42.

Hellgren, Z. & Gabrielli, L. 2018a, Final project report, Roma inclusion in education: Fostering constructive attitudes and good practices in the Barcelona area(-VAKERIPEN). https://bityl.co/NdvK

Hellgren, Z. & Gabrielli, L. 2018b, Promoting Realistic Expectations: Roma Inclusion in the Catalan Education System, GRITIM-UPFPolicy Series 8, https://bit.ly/41UczBL.

Khosravi, S. 2021. *Yo soy Frontera*. Barcelona: Virus.

Lamont, M. & Molnár, V. 2002. The Study of Boundaries in the Social Sciences. *Annu. Rev. Sociol.* 28: 167–195.

Lentin, A. 2011. *Racism and Ethnic Discrimination*. Nueva York: Rosen Publishing.

Martín Sánchez, D. 2018. *Historia del Pueblo Gitano en España*. Sevilla: Catarata.

Miskovic, M. 2009. Roma education in Europe: in support of the discourse of race. *Pedagogy, Culture & Society*, 17(2): 201-220.

Motos Pérez, I. 2009. Lo que no se olvida: 1499-1978. *Anales de Historia Contemporánea*, 25, 58-74.

O'Hanlon, C. 2016. The European Struggle to Educate and Include Roma People: A Critique of Differences in Policy and Practice in Western and Eastern EU Countries. *Social Inclusion* 4: 1–10.

Pager, D. & Sheperd, H. 2008. The Sociology of Discrimination: Racial Discrimination in Employment, Housing, Credit and Consumer markets. *Annu Rev Sociol.* 2008 Jan 1; 34: 181–209.

Pla Integral del Poble Gitano. 2017–2020. Disponible en: https://bityl.co/NdvS.

Safi, M. 2010. Immigrants' Life Satisfaction in Europe: Between Assimilation and Discrimination. *European Sociological Review* (2010) 26 (2): 159-176.

Van Ewijk, A. 2011a. *Diversity in uniform*. Tesis doctoral, Universidad Pompeu Fabra.

Van Ewijk, A. 2011b. Diversity within police forces in Europe: A case for the comprehensive view. *Policing: A Journal of Policy and Practice* 6 (1), 76-92.

Vázquez García, F. 2009. *La invención del racismo: Nacimiento de la biopolítica en España*. Madrid: Akal

Virdee, S. 2021. *Racismo, clase y el paria racializado*. Pamplona: Katakrak

Werner Boada, S. 2019. Sugar-coating Anti-gypsyism? Subtle Forms of disciplining Roma in Spanish Welfare Services, en Cortés Gómez, Ismael y End, Markus (eds.) 2019. *Dimensions of Antigypsyism in Europe*. Brussels: ENAR.

Wu, Z., Schimmele, C.M. & Hou Wu, F. 2012. Self-perceived integration of immigrants and their children. *Canadian Journal of Sociology*, 37 (4), pp. 381-408.